AF542908

PRADIER

ET

ARY SCHEFFER

TYPOGRAPHIE RENOU ET MAULDE,
RUE DE RIVOLI, 144.

PRADIER

ET

ARY SCHEFFER

NOTES, SOUVENIRS
ET DOCUMENTS D'ART CONTEMPORAIN

PAR
JULES CANONGE

PARIS
PAULIN, ÉDITEUR,
RUE RICHELIEU, 60

1858

PRADIER

DANS LE MIDI DE LA FRANCE

SES DERNIERS TRAVAUX

I

Pradier manifesta toujours une prédilection très-marquée pour le Midi de la France; aux époques de sa plus grande renommée, on le voyait accepter avec empressement toute proposition qui tendait à y multiplier ses œuvres; il en faisait même naître l'occasion et délaissait, pour s'y rendre, ses brillants travaux de Paris. Cette prédilection avait, chez Pradier, des raisons de cœur : ses parents furent originaires du Languedoc; un de ses ancêtres habitait Lunel. Pradier se plaisait à entourer de ses créations le berceau de sa famille. C'est à ce sentiment de pieux patriotisme que sont dues les merveilles dont il enrichit les départements du Rhône, de Vaucluse, du Gard, des Bouches-du-Rhône, du Var, de l'Hérault et de la Haute-Garonne.

« Vous ne m'avez pas dit que Nîmes possède le chef-d'œuvre de Pradier! » s'écria l'auteur du *Faune dansant*, M. Lequesne, lorsque, lui montrant la fontaine monumentale de l'esplanade de Nîmes, je le conduisis devant la statue du *Gardon*. Ce colosse, que j'ai entendu appeler du *Michel-Ange adouci*, est en effet une production complétement à part dans l'œuvre du maître; c'était, comme il me le disait lui-même, un jalon dans sa carrière, un premier pas vers une manière plus simple et plus grandiose à laquelle il avait déjà préludé par le modèle de son *Polyphème*. Pradier comptait la manifester dans son *Homère*, et surtout par son beau groupe d'*Ulysse enlevant le corps d'Achille*. Ces nobles rêves, une mort prématurée ne lui a pas permis de les réaliser; ils rendent inappréciable la valeur du seul travail que l'artiste a pu accomplir dans ce qu'on aurait appelé sa grande manière. La terrible majesté du *Rhône*, la pureté pensive, la mélancolie champêtre des sources de Nîmes et de l'*Eure*, l'imposante allure de l'antique cité, bien que moins supérieurement traitées, encadrent dignement ce chef-d'œuvre, et Nîmes doit s'applaudir avec reconnaissance du choix que fit, pour cette importante commande, M. F. Girard, alors maire de Nîmes.

La statue qui, après les cinq colosses en marbre de Carrare érigés sur l'esplanade, attire le plus l'attention des touristes, c'est, au musée de Nîmes, *la Poésie légère.*

Emportée par un de ces élans rapides et soudains qui donnent des ailes à la pensée, tenant d'une main la cithare d'or que viennent d'effleurer ses doigts légers, la tête en arrière et comme s'enivrant du brillant accord qu'elle a fait vibrer, abandonnant au zéphir sa draperie qui va tomber, touchant à peine de son pied divin le gazon émaillé de fleurs et jonché de couronnes, la muse des chants folâtres nous est apparue telle que la virent Anacréon, Tibulle, Horace et Properce, telle que de nos jours la rêva Béranger. C'est une production à part, non-seulement dans l'œuvre de ce magique talent qui a créé tant de ravissantes merveilles, mais dans l'œuvre de la sculpture. Si elle a quelque analogie avec les danseuses antiques trouvées au grand théâtre d'Arles, elle leur est bien supérieure par le travail. De toutes les œuvres de Pradier, c'est peut-être la plus originale comme conception ; comme rendu, c'est, très-certainement, une des plus parfaites. La hardiesse du jet, la vivacité, la souplesse du mouvement, la légèreté tout aérienne de ce marbre qui vit et palpite, nous étonnent et nous charment. Si nous blâmions quelque chose, ce serait la saillie désagréable des angles du nez et du menton vus de face : nous ajouterons que l'avant-bras droit nous a paru un peu court, un peu grêle relativement aux autres parties; que, vus du côté droit, la cuisse, la jambe et le talon gauches ne nous ont pas semblé avoir assez de délicatesse, assez de légèreté, assez d'élégance dans le galbe, et que la ligne générale n'est pas assez simple. Mais pourrions-nous maintenir ces blâmes lorsqu'il suffit de quelques pas pour voir se dessiner un des plus ravissants profils que l'art ait jamais créés?

L'or de la cithare, du bracelet et des boucles d'oreille, les colorations de la couronne, des fleurs, du sol et de la broderie du manteau, ne sont pas des innovations, mais d'ingénieuses fantaisies dont les anciens nous ont laissé de notables exemples. Cet effet polychrome est, du reste, si exquisement combiné qu'il varie et enrichit les détails sans rompre l'harmonie de l'ensemble.

Disons qu'il existe peu de chefs-d'œuvre aussi merveilleusement placés; ce temple élégant, prodige architectural que le monde nous envie, semble avoir enfin retrouvé son antique divinité.

Au cimetière protestant de Nîmes, on admire le dernier marbre que termina Pradier. Par une coïncidence mystérieuse et frappante, cette statue, destinée à une tombe et à laquelle Pradier travaillait quelques jours avant sa mort, représente l'*Immortalité*. Indépendamment de cet ensemble tellement capital qu'on peut le citer parmi les plus notables qui existent, Nîmes a obtenu du ciseau de Pradier le buste du général baron de Feuchères, dont la munificence a enrichi les églises, les temples de cette ville, fondé une salle dans son hospice et établi une dotation permanente, grâce à laquelle de pauvres jeunes filles sont mariées tous les ans. Sur la demande que j'en fis en 1848, dans le *Courrier du Gard*, ce buste fut placé dans le vestibule d'honneur de l'hospice : c'est un des plus beaux de Pradier; il lui a servi de type pour le médaillon en malachite que lui commanda la ville de Paris, lorsqu'elle voulut, par l'offrande d'une œuvre splendide, payer aussi son tribut de gratitude aux munificences du général baron de Feuchères.

On voit encore à Nîmes trois bustes, œuvres amicales de Pradier : deux grands bronzes, portraits de M. Jean Reboul et le mien; un marbre, portrait de M. Tur. A Paris est un autre buste en marbre qui doit figurer dans la série des œuvres méridionales de Pradier : c'est celui de M. Barbier Valbonne, l'aimable et honorable doyen des peintres contemporains, l'ami très-dévoué de Gérard, et, nous devons l'ajouter, une des notabilités artistiques que Nîmes revendique l'honneur d'avoir produites.

D'autres villes ont eu le bonheur de s'enrichir des œuvres du grand statuaire. Grâce à l'intelligente initiative de son maire, M. Collet, Aiguemortes eut le bon goût de lui demander une statue en bronze de saint Louis ; cette statue se fait remarquer par une grandeur religieuse que l'artiste n'avait encore manifestée à ce point dans aucun de ses travaux. C'est une preuve de plus des étonnantes ressources de ce génie si varié, si brillant et si souple. Une exquise élégance distingue, à Avignon, la Vierge en marbre de la métropole. Sur la Cassandre du Musée de la même ville, on admire la morbidesse des chairs rendue avec une vérité qui n'a peut-être point d'analogue. Pradier voulait exécuter pour les villes de Marseille et Salon, les statues de Belzunce et de Puget, et la fontaine consacrant le souvenir d'Adam de Craponne; il avait composé et proposé pour ces trois monuments de très-beaux modèles, desquels je l'ai vu se préoccuper beaucoup et dont l'exécution eût ajouté au lustre de nos contrées. Mieux avisée, la ville d'Arles accepta avec empressement et reconnaissance la proposition que transmit à son conseil municipal une lettre écrite par moi, et confia au ciseau de Pradier le buste de M. de Lamartine. Ce monument était destiné à perpétuer un grand et noble souvenir.

II

Les villes ont aussi leurs bienfaiteurs, et, pour elles comme pour tous, la reconnaissance est un devoir sacré; cette dette, la ville d'Arles l'avait contractée dans une circonstance qu'il importe de bien faire connaître : La première fois que le chantre des *Méditations* et des *Harmonies* s'arrêta dans Arles, ses admirateurs, nombreux là comme partout, vinrent fêter son passage. Bien que le grand poëte fût habitué à de tels hommages, la spontanéité de celui-ci, l'expansion cordiale naturelle au peuple d'Arles, le touchèrent si particulièrement, qu'il dit, en remerciant, que si jamais les intérêts de la population arlésienne avaient besoin d'être défendus à la tribune, on pouvait compter sur lui; noble parole, généreusement donnée, et qui ne tarda pas à être magnifiquement tenue.

Quelques années s'étaient à peine écoulées qu'une question capitale surgit : le chemin de fer qui devait relier Marseille et Avignon, et, plus tard, prolongé jusqu'à Paris et jusqu'au Havre, unir la Méditerranée à l'Océan, passerait-il par Aix? Notre premier port de cabotage, Arles, dont la marine allait être compromise par l'établissement d'une voie contre laquelle toute concurrence devenait impossible, Arles serait-il privé des compensations qu'assuraient ce mouvement, cette rénovation industrielle et ce commerce de transit par lesquels se trouve fécondé tout centre que traverse un chemin de fer? Une des gloires monumentales de la France, l'antique cité de Constantin, si merveilleusement posée, près de son Delta rival des fertilités égyptiennes, à l'embouchure d'un des plus grands fleuves du monde, serait-elle condamnée à languir, à s'éteindre peut-être dans un complet abandon?

Malgré les droits les plus évidents et les mieux acquis, le danger était à craindre, car Aix avait pour plaider sa cause deux des puissances oratoires les plus grandes de notre siècle.

Arles se souvint alors des paroles de M. de Lamartine et donna mandat à quelques-uns de ses notables d'aller lui rappeler sa promesse. La mémoire du cœur est une vertu des beaux génies : M. de Lamartine n'avait rien oublié ; il le prouva, et trois fois, remontant à la tribune, il déploya, pour faire prévaloir les intérêts d'Arles, toutes les forces de sa dialectique, toute la splendeur, toutes les séductions de sa parole. Ce fut une des plus brillantes luttes dont le souvenir soit resté dans les fastes de l'éloquence. Grâce à l'orateur inspiré, la cause d'Arles en sortit victorieuse : triomphe éclatant, car les vaincus se nommaient Thiers et Berryer. N'oublions pas d'ajouter que, pour toute la partie positive de la question, le terrain avait été on ne peut mieux préparé par les documents qu'avait réunis et produits à propos, par les mémoires explicatifs qu'avait écrits et présentés M. Bosq, alors, comme aujourd'hui, secrétaire de la mairie d'Arles, un de ces mérites réels qui, dans la modestie de leur dévouement, n'ambitionnent et n'acceptent que ce qui leur permet de servir le pays natal sans en être jamais éloignés.

Pour manifester sa reconnaissance, Arles, par l'organe de sa municipalité, vota l'érection d'un buste monumental. Les diverses mairies qui se succédèrent préparèrent l'exécution de ce vote, mais le choix du statuaire ne fut point arrêté. Vers la fin de l'administration de M. le marquis de Grille, le conseil municipal reçut communication d'une lettre dans laquelle, consulté par moi à ce sujet, Pradier m'annonçait qu'il accepterait de grand cœur ce travail, heureux d'avoir cette occasion de manifester à la fois son dévouement pour l'antique métropole et son admiration pour l'éminent poëte. Cette offre fut accueillie, adoptée, comme une bonne fortune; c'en était une, en effet, car l'immense célébrité du Phidias de nos jours, la perfection, la haute valeur de tout ce qui sortait de son ciseau, ajoutaient à la splendeur de l'hommage et garantissaient sa durée par l'association de deux noms immortels. Votée sous l'administration de M. de Grille, cette commande ne put être officiellement notifiée que sous la mairie de M. Moutet.

Pradier se mit à l'œuvre avec l'enthousiasme qui crée les choses d'élite; il était jaloux de se montrer digne du grand poëte, de l'entraînant orateur et de l'illustre cité qui l'honorait de sa confiance. Malgré ce qu'avait alors d'absorbant la crise révolutionnaire, M. de Lamartine put lui réserver quelques instants, et Pradier sut les mettre habilement à profit. Le regard, l'autorité de la pose, tout ce qu'il y a de vivant sur ces lèvres qui épanchent à flots si brillants l'éloquence et la poésie, fut noblement compris et magistralement rendu. Dans l'arrangement des cheveux, sur le modelé de la face et du cou, le ciseau de l'artiste répandit d'exquises délicatesses. Arles se trouva enrichi d'un travail qu'il montrera avec orgueil à côté des chefs-d'œuvre que lui a légués l'antiquité grecque et romaine, et dont la valeur ira croissant à travers les siècles. Arles peut donc se vanter de posséder, non-seulement la plus belle effigie de son bienfaiteur, mais la seule désormais possible. Il fallut, en effet, toute la perspicacité, tout le goût fin, toute la science, toute l'habileté de Pradier, pour deviner en quelque sorte les linéaments de ce noble visage ravagé par de si formidables tempêtes, et, dans ce qu'il était alors, retrouver ce qu'il devait être à l'époque du fait important dont il s'agissait de solenniser le souvenir.

L'inauguration se fit dans un moment de crise sociale; mais, devant ce marbre que l'art avait empreint d'une majesté sereine, toutes les passions s'abdiquèrent : on ne vit se manifester que l'admiration et la reconnaissance. Ne sont-elles pas, en effet, de tous les temps, de tous les partis, ou plutôt ne les dominentelles pas tous? C'est par elles qu'à travers les divisions un lien sympathique s'établit entre les belles âmes, leur faisant trouver le bonheur dans l'accomplissement du devoir, et maintenant immuables, au-dessus de nos vicissitudes, la sainteté du bien, la splendeur du beau.

III

Sur la demande expresse de Pradier, les dons de l'État ont fait participer au bénéfice de ses œuvres les Musées de Lyon, Toulouse et Montpellier. La Chloris du Musée de Toulouse a été très habilement décrite, quoique peut-être jugée sous l'empire d'une préoccupation un peu trop exclusive, par un littérateur d'une haute distinction, M. Barry.

De la Nyssia, du Musée de Montpellier, je possède un très-beau dessin donné par son auteur, M. Laurens, et que Pradier a rendu doublement inappréciable en consacrant à le retoucher trois heures de son travail dont quelques minutes suffisaient, on le sait, pour transfigurer une œuvre. Ayant ainsi sous le yeux cette figure, que j'ai vue du reste exécuter, j'ai pu l'étudier, la comprendre dans toutes ses délicatesses : on ne s'étonnera donc pas si je la décris et l'apprécie avec quelque étendue.

On connaît l'étrange fantaisie que paya de son trône et de sa vie le premier des Héraclides. Le nom du roi Candaule rappelle à tous les souvenirs un enthousiasme conjugal qui ne voulut se croire complétement heureux que lorsqu'il aurait vu son admiration ratifiée par celle d'un ami. Gygès refuse ; son esprit s'épouvante à l'idée de profaner du regard la chaste beauté de sa souveraine. Candaule insiste et organise une embuscade. Surprise sans voile, Nyssia s'indigne contre la trahison de son époux ; elle associe Gygès à sa colère et le couronne de sa vengeance. Tel est le drame raconté par Hérodote avec cette poésie de style qui fit donner à chacun de ses livres le nom d'une muse et le fit surnommer lui-même le père de l'histoire et le père des fables. Cet épisode a été développé en vers charmants par notre grand conteur La Fontaine.

De nos jours, le culte du beau ne produit plus cette exagération de fanatisme ; les maris, pl[illegible]s, sont aussi mieux avisés. Les rois [illegible]utres façons de perdre leur couronne [illegible]'ont guère songé à la compromettre par excès de zèle conjugal. Mais, s'il n'est plus dans nos mœurs, ce fait n'en reste pas moins dans le domaine de l'art; il appartient spécialement à la sculpture qui trouve en lui une de ces occasions, si rares et si recherchées par elle, de reproduire avec probabilité et convenance la beauté sans voile. Nyssia est, dans l'antiquité païenne, ce qu'est Suzanne dans l'antiquité judaïque, c'est-à-dire le type de la pudeur insultée par de profanes regards. On sait à quelles épreuves la peinture et la sculpture ont mis la chasteté de Suzanne; Nyssia n'avait encore été reproduite par aucune œuvre notable. Ce sujet devait tenter le ciseau grec de Pradier.

Dans la statue qu'il a fait donner au musée de Montpellier, l'auteur des Grâces et de tant d'œuvres éminentes, nous montre la femme de Candaule à sa toilette, au moment où elle a laissé tomber son dernier voile. Debout, au centre d'une mosaïque dont les ingénieuses colorations font valoir l'exquise finesse d'un pied divin, l'autre pied appuyé sur un coussin que fait mollement fléchir son doux poids, Nyssia vient de dénouer sa coiffure. Sa main droite presse tout ce qu'elle peut contenir de son opulente chevelure dont les grandes ondes ruissellent sur ses épaules avec un luxe tout oriental, et viennent se baigner dans les parfums d'une aiguière que supporte un élégant trépied. Sa main gauche détache les bandelettes et le diadème orné de perles, emblême de sa puissance plutôt que parure de sa beauté. Cette main s'arrête, et l'œil de Nyssia interroge l'espace; il lui semble qu'elle vient d'entendre un léger bruit. Ce regard ne contient, ni ne doit contenir aucune inquiétude, car le rang de Nyssia et la pureté de sa pensée ne lui permettent pas de soupçonner même le piége dont elle est en ce moment victime. Tout ce qu'on doit y voir, c'est le vague étonnement que produit toujours, si léger qu'il puisse être, un bruissement inattendu. Simple et gracieuse, cette composition exprime du sujet ce que lui permettent d'en exprimer les conditions de la sculpture. Dans ces mêmes conditions, tout en usant des priviléges d'un art dont l'essence même est la reproduction de la forme nue, elle ne s'écarte pas plus des convenances que la plupart des œuvres de la statuaire antique reproduites par le moulage et étalées dans tous les musées du monde.

On peut trouver que le type de femme adopté par l'artiste, sans cesser d'être vrai, est un peu long, surtout dans le torse. Peut-être aussi peut-on reprocher un peu de lourdeur au sein et aux cuisses; mais cela tient, nous le répétons, au caractère de nature jeune, élancée et forte, que Pradier a choisie. Cette part faite à la critique, on admirera le gracieux mouvement de la tête et des bras, l'élégance des mains et des jambes, la perfection des genoux et des pieds, perfection dont l'antique même n'offre que de rares exemples, et toute cette vérité de peau souple, de chair palpitante sous laquelle on sent vivre et se mouvoir l'ensemble de la charpente humaine : vérité qui caractérise les œuvres de Pradier, vérité de choix que les anciens ont rarement dépassée. Sous les mains de Pradier, le marbre, le bronze ne reproduisent pas seulement la surface, mais font deviner, sentir ce qu'elle couvre : c'est là une des grandes difficultés de l'art, et c'est précisément ce qui échappe à l'appréciation des critiques superficiels qui se figurent avoir jugé une œuvre, lorsqu'ils en ont effleuré l'aspect et contesté la pensée. Par ce cachet de vérité individuelle, appliquée, dans des limites toujours réglées par le bon goût, aux sujets qui sont du domaine de l'histoire et de la poésie, Pradier évita ce froid compassé, cette noblesse de convention, ce faux raide et ennuyeux dont Canova lui-même n'est pas toujours exempt, et qui ont tué son école. C'est grâce à cet art qu'il sut se montrer toujours nouveau, même dans les sujets le plus souvent exploités. Sans rompre la tradition de l'antique qu'il adorait et connaissait aussi bien que personne, il l'a en quelque sorte renouvelée en y introduisant ce qu'il faut de l'élément moderne pour la faire comprendre et aimer de ses contemporains. Il choisit ses types autour de lui, mais ne les adopta comme éléments de ses œuvres que pour les plier aux lois immuables de l'élégance et aux conditions du sujet. En cela il agit comme agissaient de leur temps Phidias et Praxitèle, comme ils eussent agi de nos jours.

Dans cette statue, rien n'est ordinaire, la matière pas plus que le travail : c'était le couvercle d'un antique sarcophage en marbre Pentélique.

Singulière destinée ! extrait par les anciens pour une tombe, et laissé par eux sans emploi aux carrières, ce marbre fut apporté en France par le prince de Joinville, qui le réservait au ciseau de la princesse Marie. La mort intervint et, au lieu de quelque figure rêveuse et mystique sculptée par la fille d'un roi, ce marbre reproduisit, entre les mains de Pradier, les charmes païens d'une reine de Lydie. A cause de son éclat et de sa dureté, le marbre Pentélique était extrêmement recherché des Grecs; la grosseur et le scintillement de ses paillettes le faisaient surnommer *marbre salin*. Les statuaires le réservaient pour leurs œuvres d'élite. L'inégalité du grain exige un ciseau des plus exercés. Les occasions de travailler ce marbre sont aujourd'hui si rares, qu'habitués au grain égal et doux du Carrare, nos sculpteurs sont, en général, peu au courant de la pratique du Pentélique. L'habileté matérielle fut donc nécessaire pour amener à bien la Nyssia du musée Fabre, et cette habileté ne fit jamais défaut à ce grand dompteur de marbre qu'on nommait Pradier. Nous l'avons vu pétrir, en quelque sorte, ce bloc rebelle, faire sur l'œuvre presque terminée de ces changements qu'on n'ose aborder que sur la terre, et trouver du marbre là où tout autre eût été arrêté par l'absence de matière.

Dans l'atelier de l'artiste, cette statue fut admirée par ses rivaux eux-mêmes; exposée au Louvre en 1848, elle suscita dans les journaux une de ces polémiques ardentes qui s'attachent toujours aux œuvres supérieures, et fut, en définitive, proclamée l'ornement capital du salon. A ce titre, elle valut à Pradier la première des récompenses décernées par le jury. C'était, cette année-là, une de ces magnifiques coupes de Sèvres que l'ancienne monarchie réservait pour ses munificences aux têtes couronnées.

Désirant témoigner à l'artiste le cas extraordinaire que l'on faisait de son œuvre, la direction des Beaux-Arts l'invita à choisir lui-même, avant qu'on eût rien désigné pour les autres. Le ministère de l'intérieur s'empressa d'acheter la *Nyssia;* Pradier la céda à un prix qui équivaut à peu près à la moitié de sa valeur, en demandant qu'elle fût donnée au Musée de Montpellier.

IV

Dans un *mazet* (*) voisin de l'ancienne route de Montpellier, Nîmes possède une œuvre bien précieuse, mais bien peu durable du grand statuaire : c'est une madone couronnée par des anges que Pradier charbonna sur le

(*) On nomme ainsi à Nîmes de petites maisons rurales éparses sur les collines ou dans la plaine. Le citadin va, le soir ou les jours de fête, s'y délasser en famille et s'y donner un semblant de vie champêtre. Le mazet a ses mœurs particulières; nous les avons vues admirablement reproduites dans une comédie en trois actes et en vers d'une rare valeur littéraire par notre excellent maître et ami M. Gazay, une des intelligences les plus larges, les plus vives et les mieux ornées qui ont honoré l'enseignement universitaire.

mur pour ne pas rester oisif pendant les apprêts d'une collation. De ce dessin, tout ce qui restera bientôt, c'est un calque exécuté par moi avec la plus attentive, la plus cordiale exactitude. Haute d'un mètre et large de soixante-dix centimètres, cette composition est d'une sérénité, d'une onction que Pradier n'a montrées à ce point dans aucune autre : la tête du sauveur enfant repose, profondément endormie, sur l'épaule de sa mère aux bras de qui ses petites mains posent à peine dans un ravissant abandon. Un léger assoupissement, celui qu'amènent avec eux les rêves célestes, tient à demi fermées les paupières de Marie; ses doigts ne touchent qu'avec respect cet être frêle qui est à la fois son fils et son souverain maître. A ce front que doivent couronner l'épine du calvaire et l'auréole de la résurrection sa joue s'appuie avec une sorte de volupté maternelle et divine. On comprend que le sommeil a suspendu sur ses lèvres un baiser qui s'épanouira au réveil. Vus de près, ces quelques traits semblent lancés au hasard, mais, à distance, ils expriment admirablement l'ineffable placidité d'un amour surhumain.

La *Piëta* qui décore à Toulon la chapelle funéraire élevée par la douleur d'une Arthémise provençale, la tête colossale sculptée au bord de la mer sur le couronnement d'un mur de la villa d'un ami de Pradier, le docteur Cloquet, et que, par un hommage digne des temps antiques, on a vu les navires saluer en passant, complètent cette énumération des œuvres que Pradier aimait à multiplier dans notre Midi.

V

J'ai dit que, par une sorte de prédestination mystérieuse et frappante, le dernier travail de Pradier avait été la statue de l'*Immortalité*, placée à Nîmes au tombeau d'Amenlier : c'est le dernier travail *terminé* que jaurais dû écrire. Malheureusement pour l'art et pour lui-même, Pradier a laissé inachevée son œuvre capitale, les douze caryatides du tombeau de l'empereur Napoléon Ier. Il me semble qu'on a porté des jugements trop rigoureux sur cette œuvre éminente et qu'on n'a pas tenu compte des circonstances défavorables à travers lesquelles elle a dû être accomplie; ces circonstances, les relations journalières d'une intimité amicale m'ont permis de les connaître, et c'est à la fois mon droit et mon devoir d'en parler pour justifier la mémoire du maître.

Le caractère donné par Pradier à ces *gloires* et *victoires* ne reproduit pas servilement celui des figures analogues du temple d'Erechtée; loin d'en blâmer l'artiste, je l'en félicite. Cependant ce caractère ne s'éloigne pas tellement du type traditionnel en pareille matière, que l'on doive accuser Pradier d'être sorti des conditions de son programme. Aucun statuaire n'a possédé au même degré que lui l'art d'être soi-même, tout en se maintenant dans le goût général de l'art grec, et en se conformant aux conditions particulières du sujet. Si Pradier (je le tiens de lui-même) avait écouté toutes les exigences, il n'aurait fait qu'un seul et même type reproduit douze fois; ne voulant pas être monotone sous prétexte d'harmonie, il a préféré donner un caractère personnel à chaque gloire, tout en conservant l'unité d'aspect et l'uniformité d'attitude. La difficulté qu'il se créait ainsi était grande : quelle variété pouvait-on obtenir avec la condition obligée de figures debout, engagées par le dos, et ayant toutes les deux bras pendants contre les côtés? Ce problème, Pradier a su le résoudre par l'ingénieux ajustement du peplum, de la tunique et du manteau, par les accessoires significatifs qu'il a (autant du moins qu'il lui a été permis) introduits sans rompre l'harmonie de la pose, et par l'expression des têtes. La première pensée de Pradier avait été de personnifier dans chaque victoire un des triomphes du premier empire. Cette pensée n'ayant pas été adoptée, l'artiste fit de ses diverses figures des symboles abstraits, correspondant aux diverses phases, soit de la vie, soit du caractère du César français dont elles garderont l'éternel repos : il leur a mis dans les mains le clairon qui sonne l'attaque ou la défense et célèbre la victoire, la foudre que son aigle tenait au service de sa volonté, le sceptre qu'il ravissait ou donnait au gré de son caprice, les clefs des capitales qui s'ébranlaient au seul bruit de ses pas, le glaive dont l'éclair faisait courber dans la poussière le front des souverains, les traités qu'il accordait aux peuples vaincus, le code immortel dicté par sa sagesse, et les palmes, et les couronnes emblèmes ou récompenses de tous ces divers triomphes. Deux tenaient la lyre : l'une, la lyre d'airain, qui anime la furie des combattants et chante les hauts faits de la conquête ; l'autre, la lyre d'ivoire, qui symbolise et célèbre les victoires fécondes des beaux-arts et de l'industrie. Je regrette que, par un excès de déférence, Pradier ait consenti à supprimer ces deux lyres. Cette suppression de laquelle est résulté un surcroît de travail, prouve, du reste, son extrême désir de remplir, même aux dépens de son inspiration et de sa renommée, les conditions obligatoires d'une grande tâche.

A propos d'un détail de ces statues, on a beaucoup parlé d'un grief que, fidèle historien de ce qui s'est passé en ma présence, je peux et dois réduire à sa juste valeur : le marbre se trouvant insuffisant pour qu'un des bouts de pied qui se produisaient en saillie dans chaque figure pût être pris dans le bloc, Pradier en fit préparer l'exécution à part. Deux des autres bouts de pied que le marbre avait permis de faire sans pièce de rapport, deux *qui étaient et que j'ai vus déjà sculptés*, furent supprimés, non point, comme l'erreur s'en est répandue, par l'*initiative du praticien*, mais (le fait s'est passé devant moi, et j'eus même l'honneur amical d'être préalablement consulté à ce sujet par le maître dont l'habitude était de contrôler ses impressions en faisant appel à celles d'autrui), mais, ai-je dit, sur un ordre formel de Pradier; il reconnut qu'étant donnée la pose de ces figures, pour qu'elles portassent parfaitement, un de leurs pieds devait être complétement caché par la draperie. Je l'avais vu plusieurs jours préoccupé de cette idée; ce ne fut donc qu'après mûre réflexion, et, selon son invariable habitude, après avoir de nouveau consulté la nature, que Pradier prit ce parti. Il s'agissait, non pas d'une simplification de tâche bien insignifiante (tous les esprits de bonne foi le reconnaîtront) pour un artiste chez qui la facilité d'exécution était proverbiale, mais d'une amélioration notable. Le jour où il l'eut réalisée, cette amélioration le rendit tout joyeux. Plusieurs statues antiques se présentent dans des conditions tout à fait pareilles. Sur quelques autres, le sculpteur a triché pour faire forcément paraître les deux bouts de pied en creusant plus que de raison le bas de la draperie. C'est là un artifice de convention qui ne saurait être érigé en système obligatoire, et l'on ne peut ni ne doit blâmer un maître tel que Pradier de s'en être affranchi par respect pour le vrai.

Si quelque chose pouvait atténuer le regret de n'avoir pas vu une œuvre d'une si haute portée poussée jusqu'à sa suprême perfection par le grand statuaire qui l'avait conçue, ce serait certes bien le choix des artistes ses élèves, à bon droit classés au premier rang parmi ses rivaux, MM. Simart et Lequesne, sous la direction de qui elle fut terminée.

J'ai parlé des derniers coups de ciseau d
Pradier, qui sont à Nîmes, sur la statue d
l'Immortalité; son dernier trait de crayon es
à Paris, sur un panneau de soubassement
dans son atelier de la cour de l'Institut, dignement occupé aujourd'hui par M. Lequesne :
c'est un Cavalier grec; Pradier le traça rapi-
dement, pour expliquer une de ses pensées, a
moment de partir pour la promenade d'où o
le rapporta expirant.

VI

Si tels furent le dernier coup de ciseau, l
dernier trait de crayon de notre brillant statuaire, la Sapho assise nous apparait la dernière de ces œuvres monumentales qui, à chaque exposition de Paris, le manifestaient d
plus en plus grand. C'est, comme largeur d
caractère, la plus remarquable de ses figure
de femme. L'inspiration lui en vint par un hasard qu'il me semble piquant de faire connaître
on y verra un exemple de ce que la réalit

peut offrir comme premier élément des idéales élaborations du génie.

Parmi le très-grand nombre de modèles dont le jeune et gracieux essaim fréquentait journellement l'atelier de l'éminent statuaire, se disputant l'honneur d'inspirer son ciseau, ou, dans les moments de loisir, aimant à venir s'y reposer avec la certitude d'y trouver toujours indulgent accueil, on remarquait une belle enfant de cette race juive dont le faubourg du Temple semble avoir le privilége de garder le type. Sa famille?... Nul dans l'atelier n'avait cru pouvoir continuer de s'en enquérir lorsqu'on eut vu l'expression désolée qui, dès la première question, enflamma, puis voila son triste et long regard. Comme tant d'autres, elle dit s'appeler Rachel, et il ne lui en fut plus demandé davantage. Rachel n'arrivait qu'aux heures du travail; lorsque le maître ne la réclamait point, elle se tenait à l'écart. Presque toujours silencieuse et recueillie, elle se bornait à répondre avec grâce, mais toujours avec la plus parfaite réserve. Il en était résulté autour d'elle comme une atmosphère de respect.

Lorsque la bonté de Pradier lui fut connue, Rachel raconta sa vie. Séduite, trompée, repoussée par un de ces odieux personnages qui, dans le rang et la fortune, ne voient qu'un prétexte, un privilége pour satisfaire impunément tous leurs vices, elle se trouva seule, à dix-sept ans, avec la conscience de sa déchéance et le remords de sa faute. Obligée de subvenir aux besoins d'un vieux père impotent, de deux neveux encore enfants et d'une sœur infirme, Rachel surmonta ses répugnances pour l'état de modèle, état que, jusqu'alors, elle n'avait pas voulu accepter, bien qu'il eût été, depuis plusieurs générations, traditionnellement exercé dans sa famille. Ces tristes détails, Pradier n'en obtint la confidence qu'avec grand effort et à travers bien des larmes. Certes, jamais lutte contre l'adversité ne fut plus inégale, plus navrante; mais jamais aussi l'on n'a pu la voir plus sérieusement engagée, plus vaillamment soutenue. Touché, ému par tant de beauté, de jeunesse, d'infortune et de courageux dévouement, on se sentait pris d'une sorte de vénération pour cette enfant abandonnée de tous, mais relevant presque jusqu'à l'héroïsme une profession vulgaire et méprisée du plus grand nombre. Vaincue par la fatigue, la misère, les souvenirs douloureux, les chagrins et les appréhensions d'une situation sans issue, la pauvre enfant devint folle. Elle mourut dans un hospice...

Combien n'en passe-t-il point ainsi des plus charmantes et des mieux douées que brise à tout jamais un caprice frivole!... Les heureux de Paris ne savent point ce que contient de larmes la moindre de leurs fantaisies!...

Un matin, Rachel se rendit de très-bonne heure à l'atelier de Pradier, qui était alors à l'Abbaye. Arrivée avant le maître, elle s'assit devant le feu et se prit à rêver en l'attendant. Sa tête se pencha comme écrasée par un fardeau sinistre; son regard se perdit dans une contemplation vague et douloureuse. Ses cheveux dénoués ondulaient en noires torsades; l'ample vêtement de sa profession glissa sur ses épaules, et, s'arrêtant au milieu de ses bras dont les mains jointes pressaient convulsivement son genou, l'entoura de ces larges plis que nous admirons sur les créations du ciseau grec de la grande époque. C'était une apparition digne de Phidias ou de Praxitèle... Pradier arriva... d'un geste il commanda l'immobilité; il ouvrit son album de poche, et l'attitude, le caractère, furent saisis, fixés en quelques traits. Reprise, élaborée à loisir, complétée par les attributs et le costume avec le goût parfait, la haute science que Pradier portait dans toutes les parties de son art, cette rapide esquisse se transforma en Sapho rêvant sur le rocher de

Leucade, absorbée dans son amour sans espoir et fléchissant sous le poids de ses incurables douleurs. La Sapho assise fut d'abord exécutée en statuette; elle se répandit par les bronzes de la maison Susse, à qui le modèle appartient encore aujourd'hui. Pradier avait l'habitude d'émettre ses idées dans des proportions accessibles à tous; il essayait ainsi l'effet de ses diverses créations, se réservant de reprendre, pour les traiter en grand, celles qu'adoptait l'assentiment général. Il en fut ainsi de la Sapho assise, et les prévisions de Pradier, qui la considérait, nous disait-il en y travaillant, comme un grand pas dans sa carrière, se virent pleinement justifiées.

A l'exposition du Palais-Royal, la *Sapho assise* eut l'honneur d'être placée à part dans une galerie disposée pour elle. Devant cette œuvre magistrale la critique se tut; on la proclama l'ornement capital du Salon. Ce fut, hélas! le dernier triomphe du fécond statuaire.

Inspiré par ce grand cœur et cette exquise délicatesse qui accompagnent si bien, qui relèvent encore les hautes fonctions dont il est revêtu, en revenant de conduire Pradier à sa dernière demeure, M. le comte de Nieuwerkerke voila d'un crêpe la lyre de cette muse des amours désolés, la dernière et la plus belle de ces évocations des temps antiques dont notre époque a été dotée par le maître que doivent nous envier tous les siècles. Venant d'un émule si éminent lui-même dans son art, cet hommage prenait une valeur toute particulière. La douleur publique ne pouvait être plus dignement interprétée, ni manifestée avec un plus touchant à-propos. L'artiste sembla être pleuré par son œuvre.

VII

Si Paris, sa patrie d'adoption, décerna ainsi à Pradier la dernière couronne, qui ne fut, hélas! qu'un cyprès, Genève, sa ville natale, peut revendiquer l'honneur de son premier triomphe monumental. On ne s'arrête pas à Genève sans y voir la statue en bronze de J.-J. Rousseau; elle est connue, admirée de tous; mais ce que les intimes seuls ont pu savoir, c'est qu'elle fut le premier rêve de Pradier enfant.

Pradier m'a raconté qu'en allant à l'école ou en revenant à la maison paternelle, il prenait un malin plaisir à lapider un buste de Jean-Jacques, unique monument élevé alors à la plus célèbre illustration de Genève. Ce buste devait être fort mauvais, car Pradier n'en avait gardé qu'un souvenir singulièrement déplaisant. Pour se justifier en lui-même de ce vandalisme, Pradier, qui n'avait jamais alors touché un ciseau, qui ne savait pas même ce que c'était qu'un ébauchoir, se promettait de remplacer un jou ce buste malencontreux en créant à cette mêm place quelque chose de beau.

Un temps vint où le rêve de l'enfant se tradui sit en un chef-d'œuvre d'artiste.

Le lendemain du jour où fut inaugurée l statue, la mère de Pradier le réveilla de très bonne heure et lui présenta, en l'embrassant les vers que voici :

Salut, ô grand Rousseau ! sois le bien arrivé !
Tu fus longtemps ici comme un fils réprouvé ;
Il est vrai, c'est bien tard que l'on te rend justice ;
Mais, ne fallait-il pas, pour ce noble édifice.
    Attendre que mon fils fût né ?
Moi, je ne t'avais point, tu vois, abandonné.
Je veux te regarder, te bien voir face à face !
Voyons si dans tes traits je reconnais la trace
Du talent de mon fils, dont le hardi ciseau
Devait te ranimer et sortir du tombeau.....
Oui, c'est bien toi !... tu vis et mon fils est ton père !
Tu serais au néant si je n'étais sa mère !

Cornélie eût-elle chanté autrement? N'y a-t-il pas, dans ce cri de fierté maternelle, quelque chose de l'accent romain, profond et large, retrouvé, formulé avec tant d'éclat par l'auteur de *Cinna?* Ces vers, écrits par une main inexpérimentée, sans doute, mais où se révèle une âme d'élite, expliquent ce que Pradier a répandu de sentiment poétique dans ses œuvres, ce qu'il en épanchait dans sa causerie; et c'est bien le cas de dire, comme Chateaubriand lorsqu'il cherchait à se rendre compte de quelque mystérieuse aptitude : « Il tenait cela de Dieu et de sa mère! »

LETTRES INÉDITES DE PRADIER

ÉCRITES DE 1847 A 1850

Très-cher Canonge,

Je désespérais de recevoir de vos nouvelles, mais, ce matin, le portier m'a prouvé qu'un beau pays n'avait pas effacé de votre cœur le souvenir de vos amis. Aussi me voilà appuyé contre le mur du quai, au soleil, lisant et relisant votre lettre. Je suis cependant obligé de mettre mon lorgnon, car votre écriture n'est pas plus lisible que la mienne, et j'y lis une foule de choses fort agréables, tant de vos impressions que de celles que vous me faites éprouver en vous intéressant autant à moi pour ce qui regarde mon art. Je dois commencer d'abord par vous en faire tous mes remercîments.

Je ferai donc avec grand plaisir le buste de notre grand écrivain (M. de Lamartine) pour la place portant son nom : c'est un honneur que je suis heureux de vous devoir. J'aime plus que jamais le midi de la France, et je me plais à dire à tout le monde que je suis un de ses enfants. Arles antique et moderne a en moi un ami. Vous me donnez aussi l'agréable espoir d'avoir à exécuter une statue pour le *Campo-Santo* des protestants; c'est bien en effet moi qui aime à voir Dieu protecteur de toutes les prières à qui on doit accorder ce travail. Je vais, avant de fermer cette lettre, prendre un crayon et jeter une idée de cette figure allégorique sur un morceau de papier que je vais vous envoyer seulement pour vous prouver ma promptitude à accepter ce nouveau projet, qui me plaît beaucoup. J'ai fait vos amitiés à Etex. Mes enfants ont dit qu'ils étaient bien fâchés de ne pouvoir vous embrasser avant de rentrer à la pension. Hélas! cela n'était pas possible... et j'ai craint un moment qu'en revoyant vos lares, ils ne fissent sur vous une impression funeste pour nous; cependant, plus calmes pour nos soirées d'hiver, nous vous remercions de la fermeté dont vous avez parlé à votre cœur.

Nous avons toujours à mon atelier Laurens, faisant au crayon tous les jolis modèles qui viennent nous visiter. Castil Blaze vient de temps en temps nous distraire avec ses contes. Venez donc aussi prendre votre part comme l'abeille, et reprendre votre place gardée à la table de votre ami.

Adieu donc, cher Canonge ; je vous serre la main, et vous prie de me garder toujours dans votre cher souvenir.

J. PRADIER.

La première partie de cette lettre ayant été communiquée par moi à la municipalité d'Arles, on lisait quelques jours après dans le procès-verbal des délibérations du conseil, inséré au journal *le Publicateur* :

« M. Martin lit au conseil la copie d'une lettre par laquelle notre illustre sculpteur français, Pradier, répond à M. Jules Canonge, dont les vives sympathies pour la gloire de la ville d'Arles sont bien connues, qu'il sera heureux, dans cette circonstance, d'associer son nom à celui du grand orateur en exécutant le buste que notre ville veut lui consacrer. On comprend tout l'intérêt qu'aurait la ville d'Arles à conquérir ainsi, grâce à cette heureuse sympathie, l'œuvre d'un artiste aussi éminent. Le conseil émet un vœu dans ce sens, et prie M. le maire d'agir en conséquence lors de son prochain séjour à Paris. »

Dimanche matin.

Quelques gros nuages roulent dans le ciel bleu, et le vent qui tourmente les feuilles et trouble les nichées, m'inquiète pour le reste de la journée; cependant l'air qui a fraîchi ne m'arrêtera pas et ne peut me retenir sous mon toit où l'inquiétude vient de se glisser et s'emparer de nous tous. Une lettre de Charlotte nous apprend qu'elle est malade. Pauvre enfant et pauvre cœur de père! vous êtes faibles tous deux. L'un se fie sur l'autre, et l'autre sur son espérance et sur Dieu. Cher ami! que de douleurs entourent quelques douceurs de la vie! Ma main tremble en vous écrivant ces quelques mots après la lecture de la lettre de ma pauvre Charlotte. Je cours la ramener près de moi, et mes soins, j'espère, vont lui rendre la santé. Peut-être que cette circonstance nous renverra plus vite de Paris.

Je viens d'apprendre, au sujet du fondeur de votre buste, qu'il ne faisait plus rien, et, pour ne pas laisser là ce travail, j'ai parlé à celui qui m'a fondu ma Sapho, qui est très-bien venue. Il se charge, n'ayant rien à faire, de vous fondré votre buste pour cent francs. Il est certain qu'il sera infiniment mieux, et comme un vrai antique, avec la patine que je lui mettrai. Voyez à vous décider; vous ne retrouverez pas une semblable occasion. Il faut vraiment une misère telle pour avoir ce bon marché. Le *Saint Louis* s'avance un peu lentement. J'ai eu occasion de rester près de trois heures près du grand Lamartine, et j'ai avancé le buste pour Arles. J'ai fait part au conseil municipal de mes occasions de voir Lamartine, et j'ai, comme je le dis, commencé; il ressemble beaucoup. Je pars pour Saint-Denis. Adieu donc. Votre bien affectionné.

J. Pradier.

Tous vos amis envient votre demi-tranquillité, et vous prient de recevoir leur bonjour, et de certains vous embrassent. Les élèves vous saluent.

Paris, 22 juin 1850.

Mon cher Canonge,

Je me plains de ce que nous ne recevons pas de vos nouvelles et vous me répondez : Que voulez-vous que je vous dise?..... Ma foi, ceci me semble d'une indifférence peu pardonnable, et si je ne savais pas que lorsqu'on est indisposé on est bougon, j'attendrais votre rétablissement pour vous écrire ou ne pas vous écrire; car, vraiment, votre lettre n'est pas très-aimable.

Croyant mériter de vous moins d'insouciance j'ai lieu de m'en plaindre, car pour moi l'intérêt qui à vous m'attache n'a pas d'autre but que celui qui vous attache à moi. Probablement nous avons bien quelques petits défauts qu'il faut se pardonner, et je vous en fais reproche aujourd'hui parce que vous le méritez, parce que si je vous passais ce petit air dédaigneux vous vous fâcheriez tout à fait et vous diriez avec raison : il ne fait pas cas de mes paroles même quand je le pique. Nous dirons donc ensemble : qui aime bien châtie bien.

Puisqu'il s'agit des noms de mes statues, il y a longtemps que j'ai fait savoir que je n'en vou lais pas; pour mes statues, nous ne pourrons en parler qu'ensemble, devant elles et posées. Là, je verrai ce que j'aurai à y faire.

Merci donc, cher ami, du conseil un peu doctoral quand même. Vous savez que mes intentions sur mes ouvrages sont toujours bonnes.....

Je viens d'envoyer mon modèle en plâtre de la statue pour le cimetière protestant; il doit être arrivé. Si vous désirez le voir et me dire à moi seul ce que vous en pensez, vous en avez le droit.

Adieu donc, cher ami,

J. PRADIER.

La pensée de Pradier était de n'inscrire aucun nom aux statues de sa fontaine de Nîmes, à l'exemple des Grecs, nos maîtres en toute chose, qui n'étaient guères dans l'usage d'étiqueter ainsi leurs sculptures; il voulait que l'interprétation fût laissée au public dont le sens droit et l'intelligence si vive dans nos contrées eussent compris suffisamment son idée.

Paris, 22 octobre 1850.

Mon cher Canonge,

Il y a longtemps que nous n'avons reçu d vos nouvelles; que devenez-vous? Nous vou attendons pour vous entendre raconter vo campagnes au coin du feu et jouant le *domin* que nous avons déjà commencé! Paris e fort tranquille, et il est à présumer que tout s passera le moins malheureusement possibl

La lettre que j'ai reçue de vous à Genève m' fait grand plaisir, car j'avais besoin de quel ques paroles d'ami. J'étais étendu dans mon l et y suis resté presque trois semaines, sortan quelque fois en calèche pour prendre un peu soleil, je suivais les petites parties sans y pre dre une grande part... C'est de la douleur sou ferte de trop et du temps perdu que j'ai dé réparé en faisant ma statue de la Bourse, quo que je ne sois pas encore un Hercule. Je cr que cette statue sera ma meilleure en fait statues assises; elle va toute seule; donc le m est souvent la cause du bien, car j'étais mala lorsque je l'ai composée. J'ai reçu aussi récompense pour ma statue de la Nyssia et la Sapho au salon. C'est une superbe et gran coupe de Sèvres.

Je fais en ce moment, en outre, le groupe, mes frais, Ulysse relevant le corps d'Achille. J crois l'avoir trouvé enfin et grâce à mes do leurs, car c'est encore dans la fièvre. Mais faut dire qu'Ingres l'avait vu avant mon dé part, et qu'il m'avait tellement monté l'espri et l'imagination pour cet ouvrage qu'il falla qu'il sortît complet de ma tête. En effet, j n'ai plus d'autres pensées que celle-là, et, vous voyiez ce groupe de demi-grandeur, i vous frapperait. Ingres est venu à l'atelier pou le voir et le suivre; tout ébauché qu'il est, i voulait que je le misse au point sur le marbre C'est un travail à faire en Italie, ensemble, s la paix peut y renaître (*). Ne m'oubliez pas cher ami, et revenez vite, car le fondeur vou attend pour la couleur de votre buste qui es fort bien coulé, mais dont je n'aime pas trop l ton; il est dans l'atelier. Vous savez que Montpellier va posséder la Nyssia (**); elle est, je crois, partie pour sa destination. Tout le mond vous serre la main de cœur.

J. Pradier.

(*) Ce marbre, qui devait avoir des proportions colossales, n'a jama été exécuté. Le modèle appartient aujourd'hui à la ville de Genève.

(**) Dans une autre lettre, datée du 27 octobre 1848, Pradier m'écri vait relativement à cette même statue : « Je l'ai laissée (au ministèr « de l'intérieur) presque pour rien, vu les circonstances et le dési « que j'ai que cette œuvre soit dans le Musée de Montpellier.

Vous voilà réveillé pour vos amis qui commençaient à s'étonner de votre profond sommeil!... c'était de tout côté : Avez-vous de ses nouvelles? Que fait-il? Où est-il?... Hem!... *n'sais* pas... Enfin, on disait : les fonds baissent, et tout cela parce qu'on ne voit pas sa barbe arriver à Paris. Cela annonçait d'abord un hiver rigoureux et des émeutes; neige et émeutes se sont fondus, il est vrai, sans qu'on s'en soit vraiment aperçu; mais cependant ce signe est frappant, et il sera mis sur le *Messager boiteux*, nouveauté prochaine. A présent que nous avons entendu *la voix*, les choses se présentent sous un aspect plus riant; le soleil, les bals, la gaîté, les projets de voyage, les achats pour le printemps, l'espérance enfin qui va mettre son manteau de mille nuances et de fleurs parsemé... des amis, des flaneurs qui veulent aller pélériner dans le Midi, et toucher la fameuse barbe... et puis le songe disparaît, et tout rentre dans le mouvement (toujours le même), les chars de foin qui passent pour la cavalerie, un peu de soleil qui aurorifie les murs du Louvre, et quelques voix qui s'entendent aux loin... ainsi que le bruit inégal du ba quet transportant le bordeaux et le bourgogne, source de consolations qu'aucune révolution ne pourra détruire : Dieu ne le veut pas, car, pendant ce court instant de la vie qu'il nous prête avec des yeux pour voir cette lanterne magique enchanteresse, il ne nous demande qu'un peu de sagesse et un peu d'intelligence.... et puis.... et puis.... Ma foi, allez le lui demander. Quand je dis allez! n'allez pas, au contraire; obéissons-lui; laissons ce mystère... Ah! voilà que je m'enfonce dans les ténèbres, et que ma lettre va s'en ressentir.... Je reviens sur ma route.... nous sommes assez bien portants; nous graissons nos chaussures pour arriver jusqu'à vous. Il y a bien ici et là quelque rencontre épineuse, quelque ruisseau boueux à traverser, mais, hélas! qui peut dire qu'il a fait son voyage de la plus belle vie sans malaise et sans avoir laissé en arrière quelques plumes de son aile?... Contentons-nous donc d'une simple bouteille, l'excès fait perdre la raison... Je vous vois rire en disant : est-ce qu'il aurait dépassé ce modeste chiffre avec les bacchantes filles de son ciseau?... on le dirait. Mais voilà le fait : j'aurais pu vous dire mille choses bien plus intéressantes; j'ai voulu les garder pour vous les soumettre et en causer ensemble de temps en temps, ce qui sera extrêmement agréable pour tous deux.

D'abord je ne vous parle pas de votre petit livre qui nous sert de douceur le soir lorsque nous sommes seuls, car ce sont autant de jolis croquis de la vieille cité d'Arles, portrait de Rome désolée. Enfin, sans drôlerie, nous partons, j'espère, dans quinze jours au plus.... Ah! vous auriez bien à faire s'il fallait que vous missiez toutes les lettres qui manquent aux miennes et ôter celles qui sont de trop dans *celle-ci*. Vous êtes trop bon pour moi et je compte peut-être trop sur cette bonne indulgence. Aussi, je ne me gêne pas et j'écris, j'écris, j'écris sans relire, sans regarder, sans savoir si vous pourrez me déchiffrer. Voilà comment on abuse de la bienveillance. Adieu donc, cher ami; une bonne poignée de main de votre tout dévoué.

J. PRADIER.

DÉPARTEMENT DES BOUCHES-DU-RHONE

MAIRIE D'ARLES

LE MAIRE D'ARLES A M. JULES CANONGE.

Arles, le 28 mai 1849.

Monsieur,

J'ai reçu vos lettres et vos communications avec le plus grand plaisir. Croyez bien qu'au milieu des tracasseries et des embarras suscités de toute part dans les affaires municipales, il m'est doux de m'occuper quelque peu de questions d'art, et de m'entretenir avec ceux qui le cultivent et l'aiment comme vous.

J'ai appris avec joie l'empressement que nos illustres poëte et sculpteur Lamartine et Pradier ont mis à se rapprocher pour l'œuvre qui nous est destinée. La ville d'Arles attend avec impatience. Je vous félicite, Monsieur, d'être admis dans leurs intimes confidences et d'assister, quand vous le voulez, à leurs travaux.

La ville d'Arles sera toujours heureuse et fière de posséder un chef-d'œuvre que les deux noms de Pradier et de Lamartine rendront doublement cher et précieux. Avec lui elle se consolera un peu mieux de la perte ou de la ruine de ses héros et de ses dieux antiques.

Je recevrai avec plaisir les détails que vous voudrez bien me donner à ce sujet, ainsi que toutes autres communications et observations. Votre intermédiaire m'est d'autant plus agréable que je ne vous considère pas seulement comme un homme ami des lettres et des arts, mais aussi comme un ami de notre bonne ville d'Arles. Soyez donc encore mon intermédiaire auprès de MM. Pradier et Lamartine, pour les prier de recevoir mes vives et sincères félicitations et mes remerciements, surtout pour le zèle et la bonne volonté qu'ils ont bien voulu mettre en cette affaire.

J'ai l'honneur d'être, Monsieur, avec considération, votre dévoué et reconnaissant.

MOUTET.

Maire d'Arles.

A PRADIER

STATUAIRE

Ami, sans t'émouvoir, sans retourner la tête,
Laisse tes envieux déchaîner leur tempête.
Ce tumulte de nains qu'irrite leur néant
Ne doit pas ralentir la marche du géant.
Rien n'ôtera le charme à ces divines choses
Qu'on voit naître en tes mains, comme au printemps les roses.
Qui, jamais, mieux que toi, sur la pierre ou le fer
Fit frissonner la peau, fit palpiter la chair?
A tes moelleux contours, lorsque le doigt s'appuie,
On s'attend à sentir la chaleur de la vie;
Ne trouvant que le froid du marbre ou de l'airain,
On admire l'effort de ton art souverain!
L'effort... il n'en est point pour ton heureux génie.
Tandis que, travaillés de fièvre et d'insomnie,
D'autres, voulant montrer qu'ils sont brillants ou forts,
De leur esprit rétif tendent tous les ressorts
Et font produire enfin quelque œuvre à leur cervelle
Comme du fer qu'on bat l'on tire une étincelle,
Tu sembles, en riant, n'avoir qu'à te baisser
Pour choisir les trésors qu'à tes pieds fait passer
De l'empire idéal la merveilleuse reine.
La forme à ton appel s'épanouit sereine,
Et tu n'as pas besoin, pour l'animer aux yeux,
Du feu que Prométhée osa ravir aux cieux;

Ton doigt y fait couler une flamme subtile.
Un rien donne l'essor à ton esprit facile :
Un mouvement, un geste, une pose, un regard,
Un pli qui flotte, un voile entr'ouvert par hasard ;
Et, pour charmer nos sens, tu fais, comme l'abeille,
En effleurant ces riens éclore une merveille.
Ainsi tu sais toucher au but du premier pas,
Tandis que tes jaloux, pâles, chagrins et las,
Courent chercher, bien loin, à travers l'étendue,
Ce qu'ils n'ont pas su voir chez eux ou dans la rue ;
Car, semblable au soleil, partout où nous vivons
Le Beau fait resplendir quelqu'un de ses rayons,
Et, dans l'art, ceux-là seuls sont grands dont la paupière
Concentre et réfléchit cette éparse lumière.
Laisse-les donc se croire à te vaincre appelés,
Ces pâles envieux que Dante a flagellés.
Jadis, quand, pour tenter quelque grande aventure,
La main d'un nécroman enchantait une armure,
Tout ce qui l'atteignait retombait émoussé
Ou revenait frapper ceux qui l'avaient lancé.
Ainsi, tout ce qu'ils font, sans entamer ta gloire,
Retombe sur leur tête et l'équitable histoire
Dira que ce fracas contre toi provoqué,
Ce jour que pour te perdre ils avaient évoqué
Passa comme un éclair de foudre vengeresse
Et fit mieux éclater ta force et leur faiblesse.
Mais tes marbres pour toi plus qu'elle parleront :
Sous de cruels dédains Sapho penchant le front,
Les Grâces, Cupidon consolé par sa mère,
Pandore entre ses mains portant le grand mystère,
Nyssia de parfums inondant ses cheveux,
Cassandre s'affaissant sous le courroux des dieux,
Surtout ces douze Sœurs, phalange désolée,
Qui du César français gardent le mausolée,
Et tant d'œuvres, luttant de charme et de beauté,
Dont une aurait suffi pour l'immortalité,

Feront à ta mémoire un radieux cortége.
Quand la brutale main du Temps qui nous assiége
Aura dans nos cités promené son marteau,
L'aspect de tout fragment sculpté par ton ciseau
Fera croire à des jours rivaux des jours antiques;
Ton nom sera classé parmi les noms attiques;
Tandis que l'on prendra pour de grossiers Romains
D'un art en décadence obscurs contemporains,
Favoris de Tibère ou d'Héliogabale,
Ceux de qui contre toi la nullité cabale,
Sous prétexte de force exagérant le laid,
Et s'écartant du beau sans atteindre le vrai.

JULES CANONGE.

Paris 1850.

ARY SCHEFFER

ARY SCHEFFER

I

Rien ne prévaut contre les vraies grandeurs de l'âme, et c'est dans les temps de révolution qu'elles se manifestent plus imposantes : Ary Scheffer en fut, de nos jours, un remarquable exemple. A d'autres appartient la tâche de dire ailleurs ce qu'eurent chez lui d'excellent l'homme privé, le citoyen ; nous n'avons à nous occuper ici que de l'artiste. Ce qui le distingue entre tous, c'est la prédominance donnée par lui à la pensée, au sentiment, sans préjudice des conditions particulières à son art, mérite assez rare à une époque où, de plus en plus chaque jour, tout se matérialise autour de nous, à tel point que la musique, la poésie elles-mêmes, c'est-à-dire les deux formules les plus spiritualistes de l'émotion et de la pensée, se transforment en cliquetis de sons prétendus imitatifs, en vaines cadences de mots, en étalage provocateur de sensuelles images. Même, lorsque, jeune encore, il subissait quelque influence de ce pernicieux esprit, on peut dire que chaque tableau d'Ary Scheffer fut, avant tout, une œuvre de penseur et de poëte : quel drame que les *Femmes souliottes!* quel poëme que le *Larmoyeur!* Dans ces deux toiles où, dominé par les tendances inquiètes de la génération nouvelle, l'artiste cherchait les effets de couleur et de clair-obscur, les prestidigitations de brosse et de palette, c'est, avant tout, le sentiment qui nous émeut, c'est la pensée qui nous captive. Le *Roi de Thulé*, les *Deux Mignon*, la *Plainte* et la *Prière de la jeune fille*, les divers épisodes empruntés à Faust, cet étrange et navrant poëme dans lequel Gœthe nous peint l'âme virginale obsédée, séduite, entraînée et précipitée par l'esprit du mal, nous révélèrent à la fois et la profondeur rêveuse de la pensée d'Ary Scheffer, et ce qu'a de pénétrant, de saisissant, sous le vague dont elle se voile, la poésie allemande. Là n'étaient pas cependant les bornes de son horizon : Dante, c'est-à-dire le génie méridional dans sa personnification la plus forte, fut compris, interprété avec la même supériorité par cette âme, par ce pinceau qui nous avaient si merveilleusement initiés au génie du Nord. Francesca de Rimini et Paolo, ombres éternellement plaintives, un instant coupables et trop tard repentantes, emportées par l'inexorable tourbillon; Dante et Beatrice, symbole ravissant du génie inspiré par la beauté sainte, resteront classés au premier rang dans le très-petit nombre de ces œuvres où le pinceau se montre l'égal d'un style immortel.

Quelque varié, quelque puissant que nous apparut par ces divers tableaux le talent d'Ary Scheffer, ce fut son Christ consolateur et libérateur qui le manifesta pleinement.

L'apparition du Christ consolateur et libérateur fut un véritable événement. On nous pardonnera si, au lieu de l'analyser ici, nous reproduisons quelques-uns des vers qu'il nous inspira; ces vers nous ont valu l'amitié d'Ary Scheffer; à ce titre, ils ont gardé pour nous un intérêt tout particulier. L'artiste (lui-même et sa digne compagne ont eu la bonté de nous le dire) les fit transcrire lorsqu'on lui écrivit des États-Unis pour demander le sens des diverses figures de ce tableau, ou pour l'expliquer à celui qui en devint l'heureux possesseur. Nous sommes donc, en quelque sorte, autorisé par eux à les donner comme traduction de la pensée du maître.

Quand nous trouvons amer le pain noir de la vie,
Au banquet de l'espoir le Sauveur nous convie;
« Venez, dit-il, vous qui pleurez!
« Je console toutes les peines,
« Je fais tomber toutes les chaînes;
« C'est par moi que vous sourirez ! »

Et la jeunesse qui s'étonne
De voir s'assombrir le lointain,
L'âge plus mur qui s'abandonne
Sans courage au flot incertain,
Le vieillard dont le pas chancelle,
La mère en deuil dont l'œil ruisselle
Sur les restes de son enfant,
Répondent à l'appel sublime;
Et de leur sein qui se ranime
Le sanglot est moins étouffant.

Le pilote dont le courage
Se fraya de nouveaux chemins
Embrasse le mât qu'un orage
Vient de briser entre ses mains;
Le travail penché qui féconde
Un sol où sa sueur abonde
A moins de pleurs dans le regard;
Et le sinistre suicide,
De mort, de néant moins avide,
Va laisser tomber son poignard.

Le front inspiré que la lyre,
Ni le feuillage triomphal
N'ont garanti, quand le délire
Vint y poser son doigt fatal,
Sent une haleine salutaire
Rafraîchir des vents de la terre
La dévorante aridité;
Il comprend que, pour sa souffrance,
Dieu toujours laisse une espérance,
Pour son doute une vérité!
....

Et le Christ..... Ah! son front sublime
Se voile à tant de maux méconnus et soufferts;
La plaie à son flanc se ranime;
D'une main il brise les fers
Et de l'autre il répand sur l'angoisse mortelle
Du sang réparateur la semence éternelle.
....

De ce tableau il existe à Nîmes, dans le cabinet de celui qui écrit ces pages, un très-beau dessin donné par Ary Scheffer; ce dessin porte la signature du maître et, au bas, sur l'angle gauche, la dédicace écrite de sa main.

Dans cette œuvre capitale, l'exécution est à la hauteur de la pensée; la composition s'agence et se déploie avec une imposante clarté; ce n'est pas un petit mérite, sur un toile de moyenne dimension où il s'agit de résumer une scène si grandiose et si complexe. Chaque tête peut être citée comme un chef-d'œuvre d'expression ; nous mentionnerons particulièrement celle du *Suicide* et l'adorable profil de la Madeleine, qui symbolise l'esclavage du péché, le retour à Dieu par le repentir. Payée 52,000 fr. à la vente des tableaux de la famille d'Orléans, cette peinture fut acquise par M. Fodor, d'Amsterdam. C'est peut-être celle où Ary Scheffer a le mieux réalisé l'union des grandes et diverses conditions de son art : en elle la magie d'une couleur forte et sobre, et d'un clair obscur habilement réparti complètent les savants effets du dessin, le choix élevé des types, et le don de faire lire sur un visage les pensées les plus secrètes de l'esprit, les plus intimes émotions du cœur. Tel fut l'effet que cette œuvre nous produisit lorsque, bien des années après sa première apparition, nous la revîmes et l'étudiâmes à loisir dans l'atelier de l'artiste où elles vint s'abriter avec ses sœurs après la tempête de Février.

II

Ici commence la série des compositions que le public n'a point connues, l'artiste s'étant retiré de l'arène des expositions; retraite prématurée et déplorable pour l'art dont il était un des maîtres les plus recherchés, un des modèles les plus efficaces! Le flot des révolutions avait emporté ce qu'il aimait; Ary Scheffer se considéra comme devenu étranger au mouvement général des hommes et des choses. Erreur regrettable! l'art nous transporte et nous fait vivre dans une région supérieure aux vicissitudes humaines; c'est lorsque tout se trouble et se confond que les intelligences privilégiées doivent surtout se manifester avec le calme inflexible du *vrai*, et répandre, plus que jamais, les salutaires influences du *beau*. Cette absence laissait un vide douloureusement senti. Dans ce grand conflit de l'art européen qu'ouvrit à Paris l'exposition universelle, et où le retour souverain de M. Ingres gagna pour la France la bataille de la haute peinture, notre école se trouva privée d'une de ses forces les plus magistrales. M. Félix Mornand, nous ayant fait l'honneur d'écrire dans l'*Illustration* du 17 février 1856 : « Puisque M. Canonge a le bonheur de vivre dans la fréquentation de ce grand artiste, M. Ary Scheffer, qu'il s'efforce donc de le dissuader de tenir plus longtemps rigueur au public. » Nous nous empressâmes de transmettre ce vœu, en y ajoutant nos plus instantes prières. Comme toutes celles qui l'avaient précédée, cette respectueuse intervention resta sans effet; les créations nouvelles d'Ary Scheffer continuèrent de n'être accessibles qu'au public de choix qu'il admettait dans ce sanctuaire de l'atelier, dont les honneurs étaient faits avec une si haute distinction, une si exquise bonne grâce, par madame Ary Scheffer, veuve du général Baudrant, et par la poétique fille du grand artiste, madame Marjolin. Là, aux plus idéales illusions de la peinture venaient quelquefois s'ajouter les plus savants, les plus entraînants prestiges de l'art musical. Ceux qui ont eu, comme moi, le bonheur d'y assister, n'oublieront jamais ces ravissantes matinées où, tandis que M. Gounod se livrait aux caprices de sa fantaisie large et vive, tandis que la jeune Willhelmine Klaus justifiait les glorieux pronostics du grand Liszt, que les dramatiques accents de madame Pauline Viardot remuaient l'âme dans ses profondeurs les plus intimes, et qu'habilement secondé par ses dignes amis, M. Morin préludait à l'interprétation de ces derniers chefs-d'œuvre de Beethowen qui, grâce à eux, allaient devenir pour le public une merveilleuse révélation, le sourire semblait renaître sur les lèvres de ces souffrances, de ces esclavages si pathétiquement représentés par le maître ; les pâles ombres de Paolo et Francesca semblaient s'arrêter pour écouter les consolantes harmonies de la terre, à défaut de ces voix du ciel que, par oubli coupable, elles se sont éternellement privées d'entendre ; les saintes effigies de l'Évangile, les doux fantômes de Gœthe ou de Schiller paraissaient sortir de leur rêverie et s'animaient d'une vie surnaturelle : rendues perceptibles par un miracle de la peinture, ces créations idéales semblaient, en applaudissant, répandre, dans l'atmosphère intellectuelle que les génies prédécesseurs et les talents contemporains faisaient ainsi au grand artiste, des effluves intarissables de poétique inspiration.

Pendant cette seconde et dernière période de ses travaux, les moyens, les procédés matériels nous semblent avoir de moins en moins, chaque jour, préoccupé l'esprit d'Ary Scheffer ; cette tendance s'était déjà montrée évidente lorsqu'il exposa l'*Entretien de saint Augustin et sainte Monique*, page sublime, extrême limite de ce que peut dans la peinture l'expression pure et simple du sentiment et de la pensée. La ligne, le modelé, le caractère, le style, en un mot, c'est-à-dire l'art dans son acception la plus haute et la plus sérieuse, étaient devenus les constants objets des méditations d'Ary Scheffer, le but vers lequel tendaient ses persévérants efforts; ainsi furent créés : *le Christ rémunérateur*, digne pendant de ce *Christ consolateur et libérateur* qui restera son plus beau titre; *Jésus-Christ tenté par Satan, les Saintes Femmes revenant du sépulcre* et surtout *l'Entretien d'une Chrétienne et d'une Païenne,* qu'eut le bon goût de lui demander M. Benoît Fould. Dans cette œuvre de tout point exquise, les artistes admirèrent un torse nu de jeune femme peint avec une fraîcheur de ton, une finesse de modelé qui révélaient chez *Ary Scheffer* des aptitudes imprévues; les penseurs s'étonnèrent d'y voir si merveilleusement résumée, formulée en deux figures de jeunes filles la transformation religieuse, la rénovation morale du monde.

Par une erreur qu'il m'est impossible de comprendre, ce tableau a été récemment désigné sous un titre banal, *le Vice et la Vertu.* Telle ne fut point, je peux l'affirmer, telle ne fut point, en le créant, la pensée d'Ary Scheffer; cette pensée, il me l'a plusieurs fois parfaitement expliquée dans tous ses détails, en terminant son œuvre. J'essayai de la traduire en un petit poëme que publia la *Revue contemporaine* du 15 juin 1852. J'en fus cordialement remercié et de vive voix et par deux lettres que madame Ary Scheffer m'écrivit au nom de son mari. Les passages suivants prouveront suffisamment qu'il s'agissait avant tout de la manière dont j'avais reproduit la *pensée* du maître :

« Plus occupés que de coutume, nous avons su trouver le temps de lire plus d'une fois votre poëme; je trouve mon mari particulièrement heureux d'être *compris* comme il l'est par un esprit tel que le vôtre.... c'est une consolation que de rencontrer l'infini dans le vrai et le beau; de voir comment une haute pensée se peut dire en mille accents divers, apparaître en mille formes variées et faire ainsi vibrer dans les âmes l'éternelle harmonie! Si je me suis chargée, Monsieur, de vous remercier, votre ami se réserve de causer avec vous de votre poésie... » — Le 24 juin, en réponse à l'envoi de la *Revue* qui contenait, après leur avoir été soumise, la dernière version de mon poëme, madame Ary Scheffer daigna m'écrire encore : « Oui, Monsieur, nous avons reçu la *Revue contemporaine* et nous avons relu vos vers avec admiration pour l'auteur, et un véritable orgueil de cœur pour nous-mêmes. Si quelque chose peut récompenser l'artiste de ses labeurs, de ses découragements, c'est d'être *compris par un frère poëte*, c'est de voir sa pensée traduite à la fois *dans toute sa vérité* et avec une forme nouvelle qui la pare et la consacre. Maintenant, je viens vous demander autre chose : c'est de donner à Ary une de vos pensées, afin qu'à son tour il la transforme avec le pinceau. »

Je n'acceptai pas cette tâche trop honorable et pour laquelle je reconnaissais mon insuffisance. Voici mon poëme.

Je le reproduis ici comme ayant eu le bonheur de plaire au maître, comme interprétation donnée, reconnue par lui-même de la pensée qui lui inspira une de ses œuvres les plus ravissantes, et dont on ne saurait changer le titre sans lui ôter la haute portée qu'il voulut y mettre.

CHRÉTIENNE ET PAIENNE.

Tableau par M. Ary Scheffer.

L'une est debout, pensive et chastement vêtue;
L'autre, nonchalamment repose à demi-nue;
Sybarite qu'un rien gêne et pourrait blesser,
Pour s'asseoir mollement elle a fait entasser
La pourpre des tapis, la peau d'une panthère;
Son regard est distrait; sa main tient une fleur.
Insouciante et folle elle penche en arrière
Son front, ses blonds cheveux entrelacés de lierre.
Sa lèvre où le dédain dessine un pli railleur
Sourit, et, doucement, à ses propos frivoles
Sa compagne répond par de graves paroles.
Poétique penseur, maître au divin pinceau,
Voilà ce qu'au regard présente ton tableau;
Si j'ai su le comprendre et peux le bien traduire,
Voici ce que cette œuvre à l'esprit semble dire :

LA PAÏENNE.

Quand vient l'heure où Phébus de pourpre étincelant
Dans le sein de Thétis plonge son char brûlant,
Il est doux d'effeuiller une rose vermeille
En songeant aux plaisirs du jour ou de la veille.

LA CHRÉTIENNE.

Quand, semblable au parfum qu'exhale l'encensoir,
Se répand dans les airs l'ombre calme du soir,
Il est doux de songer au bien qu'on a su faire
Et d'élever à Dieu son cœur par la prière.

LA PAÏENNE.

J'ai donné trois deniers à l'artiste Thébain
Dont la flûte charma les langueurs de mon bain,
Et, cinquante à Myrto, la belle esclave noire,
Habile à manier le *strigillum* d'ivoire.

LA CHRÉTIENNE.

J'ai, priant sous la voûte où nos frères en chœur
S'unissent pour chanter la gloire du Seigneur,
Distribué l'aumône et, par la pénitence,
Expié les erreurs de mon adolescence.

LA PAÏENNE.

Les graves sénateurs à mes côtés assis
Oubliaient, chez César, les mets les plus exquis;
Tandis qu'ils m'adulaient, je riais de voir pâle
La fière Mélœnis, ma jalouse rivale.

LA CHRÉTIENNE.

Nous avons, à genoux, au banquet fraternel,
Reçu le sang divin et le pain éternel;
Puis le baiser de paix, dans nos âmes sereines,
A répandu l'oubli des vanités mondaines.

LA PAÏENNE.

Comme, dans mes cheveux, l'onyx et le saphir
Nuançaient la blancheur de mes perles d'Ophir!
J'ai bien fait d'acheter Chresmès : elle est unique
Pour donner de la grâce aux plis d'une tunique.

LA CHRÉTIENNE.

J'ai vendu mes joyaux; tout le luxe odieux
Que payaient les sueurs de tant de malheureux;
Cet or que prodigua ma profane opulence
Rachète l'esclavage et nourrit l'indigence.

LA PAÏENNE.

Le jeune et beau Pallas possède mes amours;
Au cirque, à la tribune, on l'applaudit toujours.
Et nul gladiateur, Gaulois, Germain ou Thrace,
Ne sait, comme les siens, expirer avec grace.

LA CHRÉTIENNE.

De quels tendres respects je le vois entouré,
Celui que, pour époux, mon cœur a préféré!
Quel feu dans son regard! quel noble et saint délire
Lorsqu'il vantait, hier, les gloires du martyre!

LA PAÏENNE.

La pourpre était tendue au théâtre; on dansait;
Un Grec chantait des vers; le peuple applaudissait...
Je n'ai vu que Pallas; et Pallas..... l'infidèle!
Oubliait pour Chrysis que je suis jeune et belle!

LA CHRÉTIENNE.

Les bruits du jour mouraient dans le calme du soir;
Au jardin, près de nous, Cyrille vint s'asseoir;
Son amour est si doux, si constant, que ma mère
De le nommer son fils était heureuse et fière!

LA PAÏENNE.

Au souper de Gallus chacun vantait les vins,
Les lits d'or, les bouffons et les vases murrhins,
Rien ne put émouvoir mon cœur ni ma pensée;
Et l'ennui reste seul dans mon âme lassée.

LA CHRÉTIENNE.

Mon ange sous son aile abrita mon sommeil;
J'ai cru le voir sourire et bénir mon réveil.
Aujourd'hui comme hier, ma journée accomplie,
De foi, de charité, d'espérance est remplie.

Ainsi se répondaient par de charmantes voix
Le passé, l'avenir, deux mondes et deux Fois.
Rien n'altéra le calme au front de la chrétienne,
Mais, dans l'œil étonné de la jeune païenne,
Sur sa bouche entr'ouverte et n'osant plus parler,
On voyait que, pour elle, une aube était prochaine
Et qu'un divin mystère allait se révéler.

III

Ce que nous avons dit de la portée intellectuelle du talent d'Ary Scheffer nous dispense d'analyser le mérite de ses portraits; on conçoit la supériorité que devaient leur donner des aptitudes si parfaitement appropriées aux conditions du genre. Les types en étaient, du reste, rigoureusement choisis, car, dans un portrait, Ary Scheffer ne voyait guère une occasion de gain; c'était la plupart du temps un hommage par lui offert à quelque éminent esprit, à quelque beauté rare, à quelque vertu transcendante. Celui de sa mère nous a toujours ému de cette émotion qui se prolonge dans le souvenir. Il peut être classé parmi les chefs-d'œuvre du genre simple et doucement grave; il y a là un charme sérieux, touchant, indéfinissable, quelque chose comme de l'Holbein assoupli, et sobrement poétisé. Cette noble tête fut pour l'artiste le type idéal de la femme qui a su traverser, sans trouble orageux, sans regrettable faiblesse, les épreuves de la vie; nous la retrouvons dans ses principales compositions et l'heureuse inspiration qu'il reçut toujours d'elle, fut pour ce culte filial une sainte récompense. Ary Scheffer (le public ne s'en doutait pas, car une modestie exagérée lui fit toujours garder secrète cette part d'un glorieux apanage), Ary Scheffer, disons-nous, pratiquait par moments et enseignait la sculpture avec un talent qu'il n'eût tenu qu'à lui de transformer en supériorité manifeste. La statue de sa mère en est une preuve; il la représenta couchée sur son tombeau. Cette figure nous fut un jour montrée par lui comme complément de son pieux hommage; le souvenir nous en est resté parmi ceux des œuvres qui nous ont ému le cœur et satisfait l'intelligence : c'était un travail simple et vrai, bien senti, rendu avec goût et où se retrouvaient, chez le statuaire, les principales qualités du peintre éminent. Ary Scheffer aurait donc pu être, s'il avait eu l'ambition de le vouloir, un exemple contemporain de cette belle et rare diversité d'aptitudes qui nous montre si imposants les génies de la renaissance. Il possédait à un degré très-remarquable et tendait incessamment à développer ce dont se dispensent trop volontiers aujourd'hui les jeunes artistes, ce dont on voit beaucoup trop évidemment dans leurs œuvres la regrettable lacune : il possédait, disons-nous, une variété de connaissances parfaitement choisies et appropriées à son art. Ni dans l'histoire, ni dans les lettres, ni dans les sciences, on peut dire que rien ne lui fut étranger; par un commerce habituel avec les penseurs et les poëtes de tous les temps, son esprit s'élevait, s'ornait constamment; chez lui, la causerie de l'homme du monde avait autant de charme profitable que le talent de l'artiste. Lorsqu'il prenait sa palette, sollicité par un sujet, par une pensée, rien de ce qui s'y rapportait, rien d'important, de caractéristique ne risquait d'être omis; tout lui devenait présent et le choix en était fait par un goût toujours sûr. Tel fut le secret de l'attrait particulier et permanent, privilége de ses œuvres. Ary Scheffer eut encore le noble mérite d'élever constamment notre pensée par le choix des sujets et la parfaite convenance des moyens d'expression. Chez lui, sans prétention doctorale, sans raideur systématique et fastidieuse, l'art fut un véritable enseignement; l'étude de ses travaux reste une de celles qui peuvent nous sauver du chaos vers lequel nous poussent le faux goût, les tendances vicieuses du temps où nous vivons.

IV

Comme grande peinture historique, dans l'acception habituelle du mot, on peut citer d'Ary Scheffer la *bataille de Tolbiac*. Il lui manquera de s'être inscrit par un chef-d'œuvre sur les murs, aux voûtes d'un édifice, et cette lacune constitue pour sa renommée un vide regrettable. Certes, aussi bien que tout autre, Ary Scheffer aurait pu s'acquitter de la tâche que le rude Buonarotti considérait comme la seule virile. S'il avait porté dans cette direction les trésors de son érudition, s'il y eût concentré la puissance de ses facultés, on pouvait compter sur des œuvres supérieures; l'administration l'avait compris et lui en avait ouvert la voie. Le motif pour lequel Ary Scheffer se désista de cette commande, après l'avoir acceptée, est tellement honorable qu'il ne m'est pas permis de ne point le faire connaître : Ary Scheffer avait en haute estime le talent et le caractère de M. Ad. Roger, à qui l'on doit les belles fresques du baptistère de Notre-Dame-de-Lorette. Bien que composées, exécutées les premières, et quoique des productions capitales aient enrichi depuis lors nos principaux édifices religieux, ces fresques sont restées des modèles de ce que doit être l'art chrétien appliqué de nos jours à la peinture murale. Ayant appris de moi, en 1848, que, malgré le succès complet de cette œuvre, malgré les qualités énergiques qu'il avait montrées dans ses peintures de *Sainte-Élisabeth du Temple*, l'auteur de ce chef-d'œuvre était depuis longtemps sans travaux officiels, Ary Scheffer intervint; il voulut contribuer par le sacrifice de ses propres intérêts à la réparation d'un injuste oubli et se démit de la commande acceptée par lui, en désignant M. Ad. Roger pour l'exécuter à sa place. Il demanda avec instance que ce travail lui fût confié; il fit valoir son mérite, ses droits acquis. Malgré cette généreuse insistance, son vœu ne fut point réalisé. J'ai dû faire publiquement connaître ce fait, pour qu'on n'accuse pas la mémoire d'Ary Scheffer d'avoir négligé l'occasion d'accomplir une œuvre solennelle, ni redouté les chances de l'entreprise ou reculé devant l'importance capitale de cette tâche, que l'on peut considérer comme la haute épreuve, la suprême consécration de tout grand talent. Quant à M. Ad. Roger, l'honneur d'avoir été choisi, désigné, recommandé avec instance par Ary Scheffer peut être considéré comme un de ses titres de gloire; s'il ne le dédommage pas, il suffit presque à le consoler.

Ary Scheffer laisse comme dernier travail un tableau duquel il nous entretenait depuis plusieurs années et qui devait en quelque sorte résumer l'œuvre de sa vie: c'est la grande toile où se déploie en spirale une série d'idéales apparitions symbolisant les diverses phases de l'âme depuis la terre jusqu'au ciel. Là se retrouvent, poétisés encore, les types affectionnés par l'artiste. Ce sujet lui était tout sympathique et merveilleusement favorable ; il y rêvait constamment, il y travaillait avec cette lenteur assidue que l'on porte dans l'exécution des œuvres aimées.

Ary Scheffer est assez grand, assez universellement illustre, pour que sa renommée n'ait aucun besoin d'une ovation posthume ; il gagnerait cependant à être mieux connu dans la dernière phase de ses travaux : par cette constante élaboration d'un talent qui, bien que pouvant depuis longtemps se considérer comme arrivé au faîte, tendait sans cesse à se transformer afin d'atteindre un idéal plus haut encore, on verrait ce qu'a d'honorable la conscience du génie ; pour le public comme pour les artistes, ce serait un noble spectacle, un profitable enseignement.

Paris. — Imprimerie Renou et Maulde rue de Rivoli, 144.

www.ingramcontent.com/pod-product-compliance
Lightning Source LLC
LaVergne TN
LVHW020440230826
846091LV00004B/1554
9782013700979